klaus adloff
nachrichten aus (n)immerland
gedichte &texte

klaus Adloff

nachrichten aus (n)immerland
gedichte & texte

August 2016

© 2016 Klaus Adloff
Alle Rechte liegen beim Autor. Nachdruck, auch auszugsweise, nur mit schriftlicher Genehmigung des Autors. Ebenso die Verwendung in anderen Medien, Seminaren oder Vorträgen. Herstellung und Verlag: BoD - Books on Demand, Norderstedt.
ISBN: 9-783741-227349

Den Verbrennern (7)
Abschied (8)
Die alte Frau (9)
Pinnwand (10)
Aber Liebe (11)
Brücken (12)
Die Zufälligen (13)
Zeit (15)
Scham (16)
Spiegel (18)
Gar keine Frage oder? (19)
Baum (21)
Gewitterhimmel (22)
Standpunkt (23)
Kurzes Gedicht über den Sinn des Lebens (24)
Setzlinge (25)
Kleine Tiere (26)
Laut und Leise (27)
Alles (29)
Eigentlich (31)
Geschenke (33)
Kälte (34)
Habt ihr das von Abel gehört? (35)
Schwarm (42)
Versprechen (43)
Das war knapp (44)
Zeit haben (46)
Modernes? Gedicht für die Mutter (47)
Ich schätze (50)
Bilder (51)
Suchen (52)
Die Stellvertreter (53)
Wer war das (65)
Futter und Schmutz (67)
Zukunftsmärchen (69)
Alltag (70)
Landgang, nach dem Erwachen, 2013 (71)

Landgang am Nachmittag, 2013 (72)
Die Kämpfer, die alten, die jungen (74)
Die Verlässlichen (76)
Nachrichten aus (n)immerland (77)
Für Dich, na klar (79)
Handlanger (80)
Klein (angefangener Versuch) (82)
Der, die, das (84)
Methode (85)
Krähen im späten Herbst (86)
Hier (87)
Hinterhergelaufen (89)
Im Innern des Landes (91)
Karaoke (93)
Während ich warte (96)
Lebensläufe (97)
Märkte – ein Traum (100)
Ansgar (104)
Als Vati verrückt wurde (106)
Das Unserlied (108)
Frühling, trotz Allem (110)
Momente (111)
Taglos (112)
Durch den Zoo (113)
Weißt du noch? (115)
Alte Geschichte vom Stein (117)
Landgang in der Nacht hier, 2016 (118)
So nimm doch (121)
Reden – sag schon - her damit (122)
Ausgesondert (126)
Dieses Bild (128)
Das schwarze Geflecht (130)
Geschenkt/Traum (131)
Der blinde Gärtner (132)
Hier, im ersten Haus (134)
Zum Abschied (135)
Nachwort (136)

den verbrennern

angerichtet
angestiftet

angstgerichtet
angstgestiftet

gestiftet
gerichtet

angst

Abschied

Welcher Engel deinen Namen rief
hab ich vergessen
Doch eine Feder hab ich
die lag dort
Für dich
vom alten Wind heran geweht

mehr
hab ich nicht

Die alte Frau

Die alte Frau
hat einen Stock
mit dem sie im Herbst die Blätter von der Hecke schlägt
Die alte Frau
ist hier untergebracht
an dieser ruhigen Straße
in der vorletzten Ruhestätte
ist alles geregelt
und wenn mal einer…
wird das geregelt
viele Stockwerke
die alte Frau hat den einen Stock
noch ein Werk
zu tun
doch – immerhin bestimmt Sie
was sie schlägt
sie ist müde, doch man sieht es ihr nicht an
ihre Augen könnten besser sein
vielleicht
sie hält mir ihre Hand hin
voller Kleingeld
ein Geschenk
sagt sie leise
aber keinesfalls atemlos
ganz unauffällig verpackt
die Münzen handwarm
wie die erste Sonne im April
wie sie sanft in die Luft beißt

Pinnwand

also meine,
eine kleine
mit kleinen Zetteln was ich nötig habe
oder auch vermisse, suche
vielleicht der kluge, große Rabe
die leisen Worte wenn ich fluche
mit kleinen Zetteln voll mit schnell gekauften Dingen
die alten Lieder, das verschenkte Singen

und alles billig her zu geben
vom Überschuss
ja, ja mein Freund
da geh'n wir einen heben
das bisschen was ich brauche
und hier ganz ohne Hast
zusammen stauche

das passt in meine Hosentasche
der kleine Rest wird Asche
was nicht hinein passt
nehm' ich auf den Arm
das was ich immer so gehasst
war das nur unerkannte Scham
ich nehm es mit mir
weit von hier weg
vielleicht ein wenig Sinn
doch sicher keinen Zweck

Aber Liebe

sicher
ich hatte all die Bilder, Worte
und Sterne aufgehoben
und sorgsam zwischen die jungen Blätter gepresst
doch nun
in dieser mühsamen Hetze
sind sie blass
und flach
und fast erloschen
und kaum noch tauglich zum Leben

Brücken

wäre ich ein Brückenbauer
eine Brücke würde ich bauen
über
die vielen Flussbetten
die kalten, schwarzen Strömungen
über
die unbarmherzig blühenden Ufer
würde ich Planken legen
und Bögen spannen
mit der ersehnten Sehne
und da wäre kein anderer Weg
über
den reißenden Fluss
zum Garten und zum Brunnen
es würde ein Wirrwarr von Wegen werden
ein großer Garten
ein tiefer Brunnen
nur um in die gute Irre zu gehen
die Zöllner sollen
ein ungeordneter Haufen sein
ein Haufen ungewaschener Kinder
mit alten klugen Augen
die jeden hinüber lassen
wenn er nur lang genug bittet
doch der Baum den ich fällte
fiel nicht
knarrend stand er
und wortlos
schärfe ich die alte Säge
aber jetzt in dieser Zeit
fürchte ich um den Pfeil
an dem ich heimlich
immer noch schnitze
für den arglosen Himmel

Die Zufälligen

schaut her ihr immer Wiedergänger
schaut hin
hier sind sie
kein Mann hat sie gezeugt,
kein Vater ihren Schmerz getröstet
keine Frau hat hinaus gepresst
ihre viel zu großen Köpfe
keine Großmutter sie gehalten
in den kalten Nächten
kein Opa sie gelehrt
die alten, etwas verbotenen Dinge
die Namenlosen
für die sofort eine Bezeichnung gefunden war

nein, nein

reine Bilder sind sie
dein Kopf hat sie gemacht
und ihren Preis
und unseren

irgendwo

doch niemals im Nirgendwo
so abgelegt
wie ein weinender Wurm
der kein Wort von alledem versteht
der nicht spricht
der allein sein kann,
Hunger haben und
Angst

wer also hat dir,

der du alles so gut gemeistert hast

versprochen
das du gut bist,
ja noch viel schlimmer
dass du werten darfst
über diese Diese

genug von uns.

Zeit

Du siehst nicht mehr auf Uhren
fast keine Termine mehr
Der Kalender
blättert unruhig raschelnd durch dein Leben
und dann, als wäre der Herbst aus Papier
fallen sie
Blätter aus Zeit

die zerteilen dir deine Welt
und das lang Zerlebte rieselt heraus
und flirrt in den Strahlen der Sonne im Oktober
der Winter naht sich
dunkle, undeutliche Antworten
auf leise ängstliche Fragen
du blickst nicht zurück
die Ungenauigkeiten der Propheten
hast du lange schon
hin genommen
von vorn schaut das Jetzt
dich an
Auge in tickende Abgründe
der Zeiger Angst
hält ungerührt Wort
mühsam raffst du die Reste zusammen
Alles
nur keine Gier jetzt noch
hast du einem Fremden geschworen
doch der wird gebrochen werden
der Schwur, der Fremde
wer weiß
ob der nächste Frühling hell macht und warm
und verspricht
was du nicht halten konntest

Scham

Als Scham zu uns kam
ganz jung noch und kaum
 den Nachnamen hab' ich glatt
 (nicht ganz glatt)
 vergessen
zu spüren im Lärm den die Welt macht
hielt man die Fotografen zurück
zu viele Bilder, viel zu viele
doch nicht viel
später dann wurde sie älter und lästig
und kaum noch einer ließ sich mit ihr sehen
auf den Plätzen, den Türmen
doch einige waren da
die halfen ihr auf
wenn sie fiel, gestoßen, gefallen
und sie schleppte sich zu den Horden
mit erster Kraft
die sie verhöhnten und nicht viel später dann
mit Steinen bewarfen, mit Steinen aus Stein
und das viele, gute alte Blut tropfte
in die Münder, floss in die verkniffenen Augen
verschwemmte das Grölen in die größeren Flüsse
und so verschwand sie, die Scham
und die Wüsten lobten den Hunger, die Angst und den Tod
und ihr Lied strich heiß über das verdorrte Land
und Herzen wurden zu Staub
und Lieder wurden gestammelt
und Hände verdorrten
und kein Kind wuchs mehr

Alles stand still
nur einige, kaum gefiederte Geier zogen unverhohlen ihre Kreise

über dem Zucken

jedoch - sie kehrte zurück
gealtert zwar
doch unverkennbar
und ihr Name war Schande
und sie nahm Platz an meinem und deinem Tisch
so
furchtbar unbemerkt

Spiegel

eine Blendung
ein Licht
kein Gesicht

eine Ernüchterung
keine Ratten
nur Schatten

ein Versprechen
ein Schrecken
beim Verstecken

ein Bild
für Sekunden
für Stunden

ein Glanz
ein Verlust
keine Lust

eine Stille
kein Schweigen
keine Geigen

ein Abwenden
eine Schuld
nie Geduld
ein Enden
am Ausgang
ein Aushang

keine Rückkehr
nach dort
fremder Ort

Gar keine Frage oder?

wenn ein Mann zu dir käme
hungrig, ohne Essen
du würdest ihm geben Brot, Salz,
Käse und Milch

oder wenn
eine Frau zu dir käme
krank, zitternd frierend
du würdest
ihr geben Wärme
ein Zimmer, ein Bett, ein Dach
gesund zu werden

oder,
ganz bestimmt
wenn ein Kind zu dir käme
ungelebt, verdurstet, ertrunken, verhungert, erfroren, zerfetzt
du würdest ihm geben
9 Sekunden Sendezeit,
ein riesiges Schiff frei von Segeln, das größte Schiff
auf dem Kontinent,
die Tafeln,
oder?
die Hitze des nie verlöschenden Feuers,
die unverhohlene Gewalt der Bomben,

ach nein,
das hast du ja schon tausendfach gegeben
immer wieder
fast keiner wurde satt
oder fröhlich davon

die große Tabelle
die schnelle
die mit dem unter'm Strich

hat auch schon mal besser ausgesehen
die Flecken,
die angekokelten Ränder
kein Wunder wird sie doch den
Kindern hierzulande
vorsorglich
in die Wiege gelegt
oder?

oder

gibst du ihm ein
christliches Begräbnis
in fast unverbrannter Erde

doch, doch
das würdest du tun
oder?

was also sollen
ausgerechnet jetzt
diese Fragen

Baum

Was misst du dich
deine dünnen Arme
mit seinen gewaltigen Ästen
können alle Kirschen pflücken
aber die Wurzeln
dieses Halten
wie er im Sturmwind
knarzige Worte formt
aus Zeit und Leben
und niemals inne hält
ja gar nicht weiß
was das ist
wenn du seufzt und jammerst
und alles schon gesehen hast
wie du bedeutsam schweigst
und alles schon verstanden hast
wie du den Blick hebst
stolz wie ein Pfau
mit deinen ganzen prachtvollen Federn
die dich fort reißen werden
wenn der Sturmwind dich erreicht
vom Boden
deiner Tatsachen

Gewitterhimmel

Wenn die Wolken mal wieder
wie die Wilden
Schatten über die Täler jagen
bist du klein
und suchst die weißen Tauben
vor dem dunklen Grund
und wie die Luft gelblich grün wird und grau
und dein Schweigen dir vom Mund
weg reißt
und keiner hält den Atem an

denn diesen Atem

jetzt

atmet der Himmel

Standpunkt

ausgesagt
  kein Wort mehr zu sagen
total versagt
   kein Grund noch zu klagen
ungefragt
  kein Loch mehr zu nagen
abgehakt
  keiner mehr tot zu schlagen

alles abgesagt
alle verklagt
aber
alles feinst geharkt

Kurzes Gedicht über den Sinn des Lebens

Es ist die Frage schon an alle
die sicherlich doch ganz verkehrt
und erst die Antwort, diese Falle
Alles, alles ja, doch niemals dieses Einzige
das Leben lehrt
kein Schatten ist für Alle da
kein Licht bis in den kleinsten Winkel reicht
kein Wärmen wärmt doch Alle klar
die erste Stufe ist für keinen leicht

Du bist - das ist es doch der Sinn
Du bleibst, du gehst egal wohin
und geht da einer nur an deiner Seite
dein Ziel, sein Ziel sie werden niemals gleich
die Punkte, alle diese Punkte liegen ganz weit draußen
in der nicht erreichten, unbekannten Weite

Setzlinge

klein sind sie
aber nicht schwach
sie warten nicht
sie haben nur eine Zeit
nicht wie wir
die wir in tausend Zeiten
den Kopf
verloren tickend
oben halten

nein
einpflanzen müssen wir uns selbst
ein kleines Loch machen
im Leben
und behutsam
uns einsetzen
und dann schon schwer
die schwarze Erde um uns hüllen
doch nun
die einzige Frage
der Wachsenden
wer wird das Wasser heran bringen
uns auf zu helfen

Kleine Tiere

die kleinen Schweine quieken
so laut sie können
als der Mann ihre Mutter holt

die kleinen Füchse winseln
fast wie ausgesonderte Hunde
als die Hunde ihre Mutter zerreißen
die wissen dass sie verhungern werden

die kleinen Hähne
werden vergast
oder geschreddert
warum auch nicht

die kleinen Katzen
werden alle
außer der Blinden
bei der Katze gelassen
die Blinde bekommt den Sack
und die Tonne mit dem Wasser

die kleine Schlange
die dem Feuer entkam
wird zertreten
fast entkommen
dem wertenden Schrecken

Laut und Leise, Ton und Licht

manchmal schreit das Leben so laut
dass nichts mehr zu verstehen ist
oder
es flüstert wie ein Kratzen am Fensterahmen
und der Effekt ist der Gleiche
die Ohren
haben bei unsereiner keine Lider
die haben nur Lieder
und Schweigen
als gäbe es nichts anderes
zu tun
in der Tönewelt

eine Amsel singt
ein Greis furzt
ein Kind schreit
die Drohne lautlost

ein Baum knarzt
eine Hummel summt
eine Frau lacht
die Drohne lautlost

ein Papier raschelt
ein Schwein quiekt
ein Mädchen lächelt
die Drohne lautlost

ein Mann wimmert
ein Regen rauscht
ein Hund grollt
die Drohne lautlost

Neulich in der Nacht hörtest
du ein gänzlich fremdes Herz schlagen
und es hielt dich wach

fast bis zum Morgen
aber du erwachtest
doch endlich im Grauen des Morgens
verblassten die verdorbenen Fragen
endlich,
im Lärm der Sonne
war es
nur ein Schatten
der verschwand
der dich weckte

Alles

wird sehr lang werden
und vollkommen unverständlich
nichts, kein einziges Teil
das du kennst
wird darin vorkommen
doch am Ende
also ganz weit unten
wirst du alles verstehen
es ist
natürlich unvollständig
und keinesfalls überschaubar
es macht keine Hoffnung
doch hast du es einmal bis zum Ende
das es nicht hat
gelesen
musst du wie
ein Hund der die Fährte verloren hat
zurück an den Anfang
es ist ja nicht einmal mein Alles
für so was habe ich keine Zeit mehr
die Braut war die Schönste
er war eher Durchschnitt
wir kommen zurecht
das Bewertungsschema
ist komplett selbst erhalten
und universell anwendbar
davon leben wir
gänzlich überfordert
wie Tiere
die keinen Sinn dafür brauchen
Ja ja
dieses Gedicht

kann dir, gerade dir, nicht helfen

es ist mein Gedicht

ich könnte es dir leihen

aber nicht heute
und nicht zu lange
so weit bin ich noch nicht
du kannst derweil
bis ich fertig werde
in meinen Garten gehen
und die Blumen und die Erde ansehen
ich kann dir eine kleine Schaufel geben, ein Samenkorn
und ein, zwei Hände voller Wasser
soviel hab ich übrig
von Allem
und werde warten
hier an meinem kleinen Tisch
auf die Früchte
die du bringst

Eigentlich

bist du doch gut versorgt
du hast zu essen
zu trinken
und dort hinten bei den Büschen
mit den Dornen
das ist dir doch wichtig
oder war es mal
ist doch kein Stein mehr

dort hinten
auf dem Anderen

hast du doch alles
ja alles
und was da noch fehlt
wer weiß
kommt Zeit kommt Schrat
und dort unten am Fluss

das willst du doch so haben
oder wolltest du
legen keine Boote mehr an
und der Fluss
reißt alles
in seine Richtung

bist du doch ganz zufrieden
diese ganzen Kriege
am anderen Ufer
sind doch nichts Neues
das ist doch uralte Ware
total verdorben
ganz alte
abgelaufene Vermutungen

ganz weit ins Blaue

hinaus
das ist doch alles nicht mehr haltbar
ja war es ganz sicher vermutlich noch nie

wo eigentlich
kommt das alles her
ja wo gebiert die große Mutter
ihre Zöglinge
wo schreit der alte General seine Befehle
in unser haltbares Dunkel

eigentlich egal
denn
mal ganz ehrlich wir haben uns
daran gewöhnt
und gehen dann eben
außer der großen mächtigen Reihe
mal eben kurz pinkeln
auch wenn es sich kaum noch lohnt
und auch nur damit die
Scheißhäuser des großen Ganzen
wissen
dass wir sehr wohl
noch mit dabei sind
im Spiel

Geschenke

Wenn du ihr ein Tier schenkst
ein kleines vielleicht
wird sie sich erinnern
wenn das Tier groß und eigensinnig geworden ist

Wenn du ihm einen Speer schenkst
oder eine Wolke
wird er sich erinnern
wenn der Himmel tobt
den Horizont zu glätten

Wenn sie dir
ein Licht geben
wirst du niemals vergessen
wie dunkel es wurde
als du allein
und verloren
den Schatten erschlagen musstest
du allein

Was für ein dummer Gedanke

Kälte

Als wir im Frühjahr
am Hang hinauf
zu schnell
schnaufend
das Oben erreichten
war die Kälte eine Idee
nur von Gestern

Als wir am Wasser
im Sommer schwitzend
war die Kälte
ja Erlösung fast
kaum Gefahr
eine Zukunft die uns nicht betraf

Als wir im Herbst
durch die Blätter rauschten
im leuchtenden Wald
war die Kälte
unmöglich
nach all den Tagen der Wärme
schon auf dem Weg

und dennoch verriegelten wir unsere Türen
schlugen Holz
und schärften unsere Äxte
und dann

als wir im Winter
bereit waren
jeden Eiszapfen abschlugen bevor er noch
wachsen konnte
ist die Kälte hier
immer schon
in uns gewesen

Habt ihr das von Abel gehört?

ich selbst hörte er sei tot
erschlagen
von langer Hand
im Sand, so hörte ich
habe man ihn gefunden
die Bohrtürme seien viel, viel später
gewachsen, ja aus dem Boden geschossen
wie anderswo Projektile aus Läufen
doch über Abel
hörte man schon manches
nichts Konkretes
einer sagte mir
an einem der nördlichen, kalten Bahnhöfe
habe er auf einmal vor ihm gestanden
wie aus dem Boden gewachsen
mit zwei riesigen Koffern,
die allerdings
so habe Abel geschworen und etwas später
auch die Zöllner
leer gewesen seien
doch man könne
so hörte ich
nicht jedes von Abels Worten glauben
denn Abel
so tot er auch immer ist
hätte auch gelogen
sein strenger Onkel
habe ihn manchmal schlagen müssen
wegen der Wahrheit
also tot, nein, das kann ich mir bei Abel so nicht vorstellen
einfach so – tot
Abel ist komplizierter gewesen
ein einfacher Tod
ist für ihn sicherlich nicht in Frage gekommen
denn der Tod

so die Regel der Väter
sei immer,
ganz ohne Frage
ein Abbild des gestorbenen Lebens
also
seht her
ich sage euch was mit Abel ist

Fragen?

Wer erschlug Abel
weil Kain soweit man weiß
hat ein lupenreines Alibi
doch Abel
soviel scheint sicher
ist tot
wer also erschlug Abel
wegen irgendeiner Kleinigkeit
doch, doch,
das ist so sagt man
belegt
also Abel ist tot
also doch Kain?
doch wer bezahlte ihn
gar nicht schlecht nach allem was ich hörte
er war
nur ein Mann
der dringend Geld brauchte
ich selbst
kenne ihn ganz persönlich
ein ruhiger Mann
der keiner Fliege
so seine Vermieterin
da beißt die Maus kein' Faden
aber mit den Ratten
Prozess kurzer
die Spieler der Puppen
sind geschickt mit den Fäden

fast bewegen sich die Schatten
als seien sie echte
aber
Abel bleibt tot
wer also nun
denn Kain kann es nicht gewesen sein
weit, weit draußen in der Einöde
einige verlässliche Steine seien Zeugen
wir, jedenfalls ich waren es nicht,
meine Hände sind sauber
und das viele Blut im Salon
ist nicht von hier, ist fremd
das ist aus dem TV auf den Teppich gelaufen
später nur noch getropft
ein schwächliches
erst Plitsch dann nur noch Plop
bis zur Stille
die in uns eingesickert
und anfüllt
das kaum noch Platz bleibt
für die Ruhe die wir hoch schätzen
also gar kein Zweifel
Abel war schon Stunden tot
als wir dazu kamen
er wurde erschlagen
absolut noch zuverlässig
daran schlafen wir
die Suppe, das Linsengericht
mein Freund
werden wir später aufwischen
nein, wir haben es nicht getan
nicht heute
nein heute nicht
und
morgen ist ein anderer Tag
und Gestern war gestern
Er war
das ist sicher
überhaupt gar nicht entstellt

diese Ähnlichkeit
hat schon dort wo sie reden
zu Fragen geführt
wenn das nicht verdächtig ist

Also Abel,
das war ein ganz, ganz Lieber
keiner Fliege konnte der was
er hatte gute Noten
und manchmal sang er sein Lied
doch meist
hielt er Ruhe
wir hier hörten ihn kaum
doch an den Grenzen weit draußen
wenn der Wind seine Stimme
also Abels Stimme näher heran brachte
hüllten wir ihn
vorsichtshalber
in unser Schweigen
in dieser Ruhe lebten wir über
die Jahre
nicht gerade schlecht
wer
also bitte
wer
will uns das verdenken

genug gedacht
genug Verdacht
genug Gedenken
genug verrenken
genug verlacht
zuviel zerdacht
morgen, ja morgen soll Frühling sein
und gleich danach
Nacht
wir haben so einiges im Dunkel zu tun

doch, doch, das ist unsere Zeit

in der alles Schatten ist
unheilbares Dunkel, alles hausgemacht
nur noch ein paar Tage
dann präsentieren wir
nicht ohne Stolz
die verdammt alten Narben

Moment Herrschaften
wir sind noch nicht fertig
die beiden also der Abel und der Kain
sollen sogar
nach allem was man hört entfernt verwandt
gewesen sein
Ja, ja gewesen sein
denn diese Zeiten
in denen Blut dicker als Wasser
sind vorbei
heute eher
Jacke wie Hose
Baracke wie Lose
Kanacke wie Rose
des Kaisers alte Kleider
sind schwer wie Rüstungen
und schützten uns fast bis gestern
komplett undurchsichtig und wärmen
selbst heute nach all den vielen Wintern
fast verlässlich
die kleinen Wunden lassen wir zu,
die haken wir ab
Abel war nackt als man ihn fand
und blutete aus älteren Wunden
und nur einer von den alten
furchtbaren Generälen
befahl seinen Männern Ihn
anständig zu begraben
doch als sie das Loch ausgehoben hatten
war Abel verschwunden
seine Leiche wurde nie gefunden
wie auch

hat doch keiner gesucht danach
damals waren die Zeiten
wie Leim
wer sich nicht bewegte blieb
auf immer dort

Ja damals
wir lebten da noch gar nicht
war die Welt kleiner
Es gab welche die konnten sie in eine Hand nehmen
so große Hände hatten die seiner Zeit
das ist alle überliefert
und unsere Lager sind voll
von verschimmelten Ordnern
alles schon lang verrottet

warum eigentlich
muss immer Abel der Tote sein
Auswahl gibt es doch nun wahrlich genug
und dieser Abel
bleibt ja auch einfach nicht tot

Die, die sich mit tot machen auskennen
lassen sich seinen Tod
schon furchtbar lange
furchtbar viel kosten
sie nennen es Geld
doch da lügen sie etwas
damit kennen sie sich auch aus
wir sitzen keineswegs wortlos
aber komplett sprachlos
vor den Maschinen
und empfangen unsere Nachrichten
wie gut, dass die Leichenwagen anspringen
fast ein Wunder bei dem Wetter
überhaupt gar nicht auszudenken
wenn wir oder unsere Handlanger
tragen müssten

der Pfarrer
hat kaum Fehler gemacht
und später
dann als niemand hinging
nachdem die Trauergemeinde
lange schon gegangen war
war alles still auf dem alten Acker
aber ordentlich
doch, doch

endlich
nun gut,
endlich zurück
zum Thema
die Zeit wird knapp
zuviel scheint unsicher
man sagt, so hoffe ich

in unseren Herzen flackert eine
uralte Lampe namens Hoffnung

doch in den Köpfen

das ist absolut sicher

stinkt es

Schwarm Hu Hu

Hier führt keiner an
wir zucken in Richtungen
nach oben hinauf zur Helle
hinunter ins Dunkel
Ja,
wir tun nicht was alle tun
das könnte nicht gelingen
wir
halten uns an den
der von uns weg sich bewegt
unermüdlich
eine unbaubare Maschine
eine zitternde Wolke aus Staub,
Angst und Gewissheit
Wir kommen voran
bis die Netze
uns umschlingen
in Enge und Hoffnung
in Zwecke und Unsinn
in Argwohn und
dann Ergebung

Versprechen

Wie klein du bist
ganz so als würdest
Du
nur wenn du willst
in meine Hand passen

wie ich dich behutsam wärme
wie meine Finger dich vorsichtig
umschließen

ganz verborgene Kraft
in dir
deiner lachenden Hast
deinem unsichtbaren Blick
den ich kaum aushalte
doch ich verberge dich nicht
Nein
ich bin hier
sieh meine Furcht
und fühle
um dich meine zitternden Hände
die dich halten
bis ich das Flattern deiner Flügel
nicht mehr aushalte
und behutsam
so langsam ich kann
meine Hände öffne

Das war knapp   (lange her, so ungefähr 40 Jahre)
(Mensch Mann, integrieren sie sich mal!)

Er trug einen billigen Parka
und unter dem Arm
aufgerollt seine blaue Arbeitshose.
ein junger Kerl
der das bisschen Sprache so weich ausrollte
wie einen wertvollen Teppich
im betäubenden Hämmern der Maschinen
überall Öl, wie eine Prophezeiung
und sein Händedruck war kein Druck
kein Halten
warum auch
so ein junger Kerl,
und schon abgeschoben
musste sofort weg
ich weiß nicht mal mehr seinen Namen
aber
vielleicht weiß er meinen noch
dort wo er hingeschoben wurde

…einmal hatte er einem Kollegen, einem von den kleinen Dicken
Stahlwolle unter sein Sitzkissen
auf den Hocker geschoben
der Kollege wurde rot und laut
und der verloren ging
wurde auch rot
zwischen Lachen und Schrecken
doch dann wie ein ganz großer Zauberer
holte er aus der Hosentasche ein
Bonbon, blau glänzend verpackt
und der kleine Dicke nickte zögernd
und lächelte fast
als er es auswickelte und
immer noch misstrauisch

in seinen Mund steckte

…einmal auf dem Innenhof der
Fabrik
kam er heraus in unsere Sonne
lächelnd mit einer
jungen, schönen Frau
und der Alte
mit dem Bein
hob seinen Stock
und seine Lippen formten das Getöse
zum Töten
doch
neben ihm
ein anderer Alter
schlug, ja schlug den Lauf nach unten
und keine Kugel konnte treffen

Das war knapp

Zeit haben

Nein, Zeit hast du nicht, ich nicht
er, sie, es nicht
Zeit ist ein dünner Mantel
im Wind des Lebens
eine Rüstung,
die schwerer werden wird
Zeit vergeht nicht,
das bist Du
Zeit bleibt
Zeit hat kein Packende
Sie gebietet dem Schatten
und hält kein Versprechen
ein lauernder Herrscher
der mich und dich tötet

Manchmal, wenn ich mich zurück lehne
und einen ganzen Tag nur Blödsinn mache
genau dann
höre ich ihre leise Stimme
wie sie mühelos
Alles übertönt

Modernes?
Gedicht für die Mutter

(keineswegs alles was selbstverständlich scheint
ist es und schon gar nicht verständlich)

Mütter sind
überall gleich
sie sind was sie sind
egal wie viel Kind
sie haben

sie stellen
mitunter
ununterbrochen
bohrende Fragen
obwohl sie die Antworten
kennen

sie halten uns
immerzu fest
wie endlose Meere
halten sie uns
wie endlose Netze
halten sie uns
die wir
ganz aufgeregt
nach Luft schnappen
und wahllos
nach Löchern suchen
nach Löchern beißen
und sie immer zu verletzen

wir liegen nachts in unseren Betten
die Kleine schläft schon lange
und hören wie sie sich

Sorgen machen
das knarzt im Gebälk

auch oder gerade in Neubauten
und
dann gibt es das Lieblingsessen
perfekt und viel zu viel
und Vater
also der Mann da,
dieser Mann da,
der kaum ein Wort sagt
und wenn er dann mal eines raus lässt
ist es viel zu
groß
zu laut
in unsere Schranken uns verweisend
Mütter klappern
in der Küche rum
mit der Kleinen
die müde ist
und du beginnst
sehr, sehr vorsichtig
wieder an den Storch zu glauben

Mütter haben
einen siebenten Sinn
und wenn es drauf ankommt
haben sie auch noch einen achten
kaum zu glauben
sie haben dich als du zwei warst
und schon außergewöhnlich schlau
zu sich ins Bett geholt
sie haben dich als du zehn warst
gelobt als du der Tante
mit den Augen einen trockenen Kuss
auf die Wange
sie haben sich als du fünfzehn warst

fast bei der Polizei angezeigt

und als du mit einundzwanzig die Kleine mitbrachtest
haben sie wortreich geschwiegen

und Vater hat guten Tag gesagt
und war fast nett
doch heute
Baby Drei hat ihren allerersten Freund
das hat sie geschworen
und der Große, Baby Eins
weiß über alles Bescheid
da ist jedes Wort nur rausgeschmissener Laut
und laut
soweit ich weiß
sitzt die Kleine auf dem Sofa
und stopft mit ihren schönen Händen
die uralten Löcher in den noch älteren Netzen.

ich schätze   für M.

ich schätze
ich schenke ihr einen Hund
einen bunten, klar
der selbst
in tiefster Nacht
nicht grau ist

einen nicht zu kleinen
der sich nicht verbeißen will
und selten bellt

ich schätze
ich lass das mit dem Hund
vielleicht geb' ich ihr
ein Einhorn, ein nicht zu großes
damit sie immer hinaus reiten kann
in den hellen Nächten

wenn die Wälder
schon fast
den Atem anhalten

doch,
ich schätze
das wär'
was für Sie

Bilder

Alles gesehen
verblasst wie Erinnerungen
auf Papier
die es heute, an diesem Tag
nicht mehr geschafft haben
uralte Abdrücke
von nicht gefundenen Spuren
unscharf wie ganz alte Messer

Wo war das
Wann war das
Wer war das

Alle Farben haben einen einzigen Stich
ins damals
k(aum)(einer) will sie noch sehen
die verlorenen Farben
das niemals gesuchte Gefundene
das immer noch Gesuchte

die Karte zum Schatz
ist verblasst
fast nur noch dickes Papier

die alten Schrecken, das schwarze X
werden gestochen scharf
und plötzlich
kannst du alles erkennen
nur den einen da
oder warst du das

Suchen

Keiner, wirklich keiner
kann die Fährte lesen
alles fremde Worte
ohne Ziel
kommen sie daher
die Spuren
deuten vielfach
ins Ungewisse
kaum zu glauben
dass soviel Worte ohne Sinn gesprochen werden
Wo doch
ein einziges genügen könnte
vielleicht
um zu erkennen
dass die Suche
allein
kaum zum Finden reicht
So viele Schätze die
in heimlicher Nacht
vergraben wurden
So viele Goldmünzen
ohne Gewicht
So viele kostbare Edelsteine
die nichts als glitzern

Die Stellvertreter

An meiner Stelle
Vor der Welle
In der Zelle
Aus der Helle

An deiner Stelle
Nah der Quelle
Jenseits der Schwelle
Hohn der Wälle

Die Stellvertreter

stehen, sitzen, weinen Sie
töten, schweigen flüchten
Sie sind sie
an meiner Stelle
Die Vertreter der Stelle
verstellen sie den Weg
zu mir
leben sie mich
hier und überall
die
Stellvertreter

Alles unsere Leute
die nur unsere Pflicht tun
mühsam aber gut dressierte hundeartige
in den Träumen knallen die Peitschen
und wenn die Gitter fallen
können wir endlich schlafen
wenn uns einer anklagt
zeigen unsere Finger auf die Bedienung
die Fern- und Nahbedienung
alles gut und schön

alles glatt und schrecklich
aber bitte nicht hier,
in meinem Wohnzimmer
wir haben die Segel nicht gehisst
schon gar nicht das Boot vom Stapel gelassen
obwohl mal ganz ehrlich
dabei gewesen wären wir gern gewesen
doch hier und heute
lassen wir machen
die Vertreter haben uns unser Leben ganz günstig angeboten
sie sind die Meister der Zeit die ist
und bleibt in unserem Garten
in dem die falschen Knospen schwellen und die
Angst unmerklich gekreuzt
mit dem was einmal Wille werden sollte
bedrohliche Blüten treibt
und gestern,
höchstens vorgestern haben wir unterschrieben
in diesen Zeiten musst du den Stift immer bereithalten
bevor die uns Äxte oder Spieße,
Granaten oder Gewehre in die Hände legen
und nicken wie verrückt dabei
Die Chancen sind eine wie die andere nur noch letzte
das lässt sich belegen, alles nur Tote
die lange tot sein sollten
und die paar Lebenden sind fast tot
fast wie
die Stellvertreter
haben alles schon gesehen,
die Stellvertreter sind auf alles vorbereitet
kennen jeden Stein auf unseren sorgsam geharkten Wegen
sie sind Meister der unserer Zeit,
fast nebenbei verzögern sie jeden Augenblick,
krümmen sie die Zeiger, doch niemals brechen sie sie
das werden andere tun
wenn die Zeit reif ist
ihren eigenen Garten anlegt
Kurzum,
wir oder ich waren niemals

zum Ausspannen auf Lampedusa
wir haben das Seepferdchen oder sogar, ja, ja den Freischwimmer
und
wir bekamen das Abzeichen im Hellen
und
wir kommen sehr verlässlich aus dem Inland und soweit wir wissen
wird alles geregelt
und zur allergrößten Not
das haben wir ganz fraglos übernommen
ist da immer noch das Schlauchboot in der Doppelgarage
und ein paar nagelneue
leuchtend orange gefärbte Schwimmwesten
dort in der Doppelgarage
falls
wieder mal
diese Nacht kommen sollte

Die Stellvertreter
das sind alles Menschen die nur unseren Job machen
zur Not, nein zur allergrößten Not
gibt es einen Brennpunkt
und ich also wir drehen die Heizung runter
irgendwie lästig aber wir denken fast nur noch an die Umwelt
um die Welt kümmern sich die Stellvertreter
wir halten uns mit Trinkwasser
über Wasser
die Stellvertreter müssen sich mit Wasser begnügen
Krieger mit Spezialausrüstung
Krieger denen unser Gewissen eingeimpft wurde,
Beamte, die etwas säuerlich schon
nun machen sie mal halblang sagen
Die Herren im Plenarsaal haben Acht
das alles
aber nun wirklich ALLES
als legal gilt
die furchtbare Regel
gebiert uns stumme Kinder
und wenn alles nicht genügt

ziehen sie den globalen Wettbewerb
aus ihren dunklen, staubigen Schubladen
die Märkte seien verschreckt und beunruhigt
Die Stellvertreter
lassen heute keine Fragen zu,
wo doch die Märkte um ein Haar
sich zurückgezogen haben aus dem furchtbaren Markt,
die Stellvertreter schließen unsere Verträge ab
und sorgen dafür,
dass die Schlüssel verborgen bleiben,
sie halten die Hunde an der Leine,
wer heute bellt
hat wohl vergessen
wer den alten Fluss ausbaggert
damit das Wasser die Boote mit hinunter nimmt zu den Mündungen
nicht zu langsam aber auch nicht zu schnell
auf das die Quellen ganz gemächlich vergessen werden
von uns

Die Stellvertreter
erinnern sich an alles
doch als Zeugen sind sie nicht vorgesehen
und schon gar nicht als Richter
denn das
sehr geehrte Damen und Herren
machen wir immer noch ganz schön selbst
muss doch noch einer da sein der
einmal wusste was Unrecht ist.

---...---

Sicher,
Die Stellvertreter
haben ihre Herren
aber das macht sie noch lange nicht zu Engeln
mit ihren schwarz angekokelten Flügeln
kommen sie
nur immer noch wie alte, sehr spärlich Gefiederte

vom Boden der Realität hoch
meist wirbeln sie fettige Asche auf
doch kommt es vor das einer sich erhebt
hinauf zu einem Aussichtspunkt
die unten in den Trümmern
applaudieren und es klingt fast wie eine Drohung
doch der Ton wird ohnehin heraus geschnitten

Sicher,

Die Stellvertreter
sind auch nur Menschen die an das glauben
was sie tun und dafür bekommen
sie was wir ganz dringend brauchen
das ist allgemein anerkannte Gerechtigkeit
wir selbst heucheln sehr gekonnt Unverständnis
sollen sie doch verrecken
sagen wir nicht
wir haben sie nicht gerufen
sagen wir nicht
Nein, das brüllen die Stellvertreter
gerade dort an diesem Tag haben wir geschwiegen
bis tief in die flackernde Nacht
und weit darüber hinaus
das lässt sich belegen
und schon gar nicht ihnen gesagt was zu tun ist
Denn
die Stellvertreter
sind gedankenlos geworden
Alles Licht hier braucht keine Helle
Die Stellvertreter haben die Grenzen erbaut,
die Zäune, die Mauern
und nun, fast seit wir denken lernen sollten
bewachen sie unseren Himmel
Notfalls sprengen sie einen kleinen Ort
spurlos in unseren Himmel
doch das sind alles keine Fragen
Das alles sind Antworten,
die niemals/schon immer gegeben wurden

warum auch
konnte ja einer wissen wollen
damals -- und
hörte ja doch keiner zu.
Wir sind satt und plagen uns mit Plagen
wir versuchen panisch abzunehmen,
mindestens ein ganzes Leben in der Woche
Ja, wir wollen doch tatsächlich noch weniger werden
leichter, ja zuletzt
durchsichtig
bis man sie sieht durch unsere luftigen Leiber
die Stellvertreter.

---...---

nur damit das klar ist

Die Stellevertreter
verstehen keinen Spaß
sie können es einfach nicht begreifen
da werden sie furchtbar ratlos
und Gnade, dieses Wort
für viel zu viel genug,
kennen sie auch nicht
die ziehen unser Ding durch am Morgen während
wir beim Bäcker um Brötchen anstehen
und endlich unser bisschen Beute machen,
am Mittag wenn wir uns ein Weilchen hinlegen,
ein wenig dösen
dieses Weilchen Stille
verteidigen wir sogar manchmal
selbst gegen das Leben
danach dann, wenn das Wetter mitspielt
treten wir vor die Tür
und zertreten Insekten,
bis sich alles endlich etwas beruhigt hat

der Abend dann direkt danach
findet uns versöhnt
und satt vor den Geräten
denn ein, zwei Mal pro Tag
sehen wir nach den Stellvertretern
man muss sehen wo sie bleiben,
ganz selbst ist der Stellvertreter
denn doch nicht,
Bruchstellen sollten gut abgedeckt sein,
nur ganz kurz noch die eigenen Beine vertreten
und ab ins Bett, prall voll mit Abendessen
und manchmal, seltener
kommen schöne Träume
mit uns in der Hauptrolle
und wenn wir dennoch erwachen, ganz ungeplant
in diesen Nächten
in denen alles Schatten ist
kreischt ein Kind, ein Mann verblutet allein
eine alte Frau verhungert still
damit das sterbende Kind nicht erwacht
ein Haus mit Zimmern und Möbeln
wird verpulvert
eine kleine Bombe tickt
in unseren Herzen
und Doktor Dings
spricht sehr ernst aber nicht leise
von Warnzeichen.

---...---

Die Stellvertreter

stehen auf deiner Stelle
da wo du stehen solltest-könntest
ohne Aber oder wenn
sie waschen mit deinen Waschmitteln
und ihre Wäsche ist

wie all
All das Dunkle
All das Schmutzige
All das Verborgene
sie duftet dezent nach der Verlogenheit
einiger Vieler
die nur ihr Bestes geben
Die Wäsche
wird nicht sauber
aber sie
leuchtet
bauscht sich im Wind
glänzt
An, nein auf deiner Stelle
die ein wenig leer wirkt
wenn die Schatten, ihre, deine
erwachen
oder erschrocken auffahren aus den warmen Daunen

Die Stellvertreter

suchen beharrlich deine Nähe
und finden nur verschwundene Spuren
die dir folgen wie
das schreckliche Lachen
das ertönt
wenn die Zigarren die Menschen rauchen
bleib du nur stumm
wenn deine feinen Skalen
den Vertreterbereich streifen
hörst du sie manchmal lächeln,
ja, ja, da ist diesen Scharren an deiner Tür
das Kratzen an deinen siebenfach verglasten Fenstern
da kannst du beruhigt weiter schlafen
wenn sie deine Kämpfe kämpfen,
deine Kriege haushoch gewinnen
weil du ja alles gibst, verliert
kein Tag deinen Tag,
kein Morgen deine Sonne

keine Nacht deine Stille
keine Liebe dein Erröten

noch wert ist

Du hast dich entscheiden lassen,
wann war das, wer war das, warst Du dabei?

Wo soll das sein – dabei,
dreh noch mal den Ball,
spielen sollten wir
der Ball, was für ein Spiel,
nur Verlierer, nirgendwo ein Sieger.
wo soll das sein – nirgendwo,
jede Nacht bestimmst du die alten Grenzen neu
und ein alter Hund schleppt sich zur Mülltonne
aus der es nicht einmal verlockend duftet
Stopp meine Damen und Herren
jetzt sind wir wohl etwas zu privat geworden
trenne was zu trennen ist
eile und beherrsche dich
weile mit Weile
und vergiss nicht den Ernst der Stellvertreter
denn bei allem was sie tun
vertreten sie dich ohne wenn und aber sowieso
dabei treten sie
ab und an und du hältst
die Luft an, das bisschen
und manchmal
erkennst du erstaunt
dass all diese Luft die sie sorgsam horten
dein allerletzter Vorrat ist.
Ja, es sind deine die deine Stelle vertreten
sie tragen die Welt auf ihren Schultern
und manchmal wenn es gerade passt
stöhnst du unter ihrem Gewicht

---...---

Sie treten den Hund
dass er endlich jault
und sich mager hinkend davon macht
Sie halten das Seil beim Spiel
und lächeln fast lieb
wenn die Kleinen weinen
Sie haben den Mut
und halten deinen Rekord
lasst uns essen
rufen sie in die Runde
schon lange wetzt du nicht mehr die Messer
denn sie haben dein Alles angerichtet
alles ist schon unerkennbar und
bekömmlich klein geschnitten
von Ihnen
manchmal wenn die Kameras
das Bild verzerren und sie sehen dich an
und genau dort in dieser Gefahr, dieser Nähe
wendest du sich erschrocken ab
und rufst nach den Sanitätern.
den Wasserträgern
den Gesundbetern
den Beratern
und du läufst davon
und
dann, du so schnell wie nie
brichst du ihren Rekord
nur einen Moment vergessen
dich und sie
und im Ziel kommt ihr
fast gemeinsam an
Die Kameras surren,
die Blitze zucken
doch einschlagen wird es
dort drüben
nur keine Aufregung
es ist alles sicher hier
nur dort sollten sie sich ducken
unter deinem wissenden Blick

geträumt haben sie dich, ja
im Schlaf
erfunden, aus weichem Stein
dein, das Gesicht geschlagen
dir, nicht nur dir
Tränen und haufenweise
Hoffnung angedichtet
den Schimmel aufs Brot gelegt
das würde ihnen schmecken
an diesem Morgen, den sie dir in
den Schlaf werfen
den Nächten, den süßen
kurzen Tunneln aus glänzendem Zucker
doch alles was sie tun
tun sie für dich nicht
nein sie tun es an dir
hohl ist das Holz in den allen Jahren
verklungen
heute gibt es Pizza
fast vom Italiener
sie nagen die Knochen von den Tomaten
und brechen die Rückengräte
des duftenden Brotes
so leise wie nötig
schenken sie dir etwas Zeit
die dir gehört
und roten Wein nach
denn, so dein Rauschprotokoll
bist du still
einzig erträglich für sie
deine Arme sind auch nur zurück gebildete
Flossen vom uralten Fisch
der dein Stinken längst
überwunden hat.

Doch, doch
die Stellvertreter
haben eine Hoffnung

während
sie sich ihre Beine schnell vertreten

dass wir den Tag erleben
an dem sie ihre Arbeit nieder legen
einfach so
auf die flache kalte Erde
und uns

mir, dir

die Handschuhe,
den Müllsack,

die Säcke für die Toten
die schwarzen Säcke
mit den schwarzen Stempeln
die Toten
die Granaten und den Helm,
den Wasserschlauch
das Börsenblatt und die Ohnmacht
die Blutkonserven und den alten Kompass
hinüber reichen
und in ihren seltsam stammelnden Sprachen
BITTE sagen
Doch
das scheint sicher
in diesem kleinen Wort wird kein
Flehen sein

und nichts von Verständnis
und wir
wir werden jedes Wort verstehen

Wer war das?

Die Bilder
von gänzlich ausgenommenen Nestern
sind täglich, stündlich hier
Routine
eine schlechte Angewohnheit
wir lächeln verschämt, wenn wir das sagen
man gewöhnt sich an Alles
dieses unser Alles, das uns doch immer schon genügte
  also wer war das
  das war schon so (immer?)
doch die Nester, ja tatsächlich
manchmal brennen sie noch
man hat uns eingestimmt
in den Jahren
auf Bilder
da, siehst du einen silbrigen Fisch
einen Wurm
den Haken
sieht man kaum
Das Reh am Waldrand
kaum zu erkennen im Nebel
der Hochsitz
knarrt als der Mensch mit dem Gewehr
behutsam nach dem Flachmann tastet
durchgeladen hat er schon
oh ja immer
  also wer war das
  ich war das nicht
der Vogel hat einen Flügel gebrochen
der andere zittert ohne Unterlass
doch wer
sag es mir nicht Freund
warf den aus seinem Nest
dieses namenlose Kind

kaum Federn
und diese dünne Stimme

übertönt nicht ganz ohne Mühe
fast
unsere stille Eintracht
  also war das wieder mal keiner
  wie haben einen weg laufen sehen
es werden
so melden sie
von den ewig uneinsichtigen Vögeln
die ja nur keine Hoffnung mehr haben
unablässig Nester gebaut
mit allem was zur Verfügung steht
doch hier, alles hier ist verfügt
und still vergnügt
die Nester allerdings
halten wir fest im Blick
denn wenn wir einen Anfang spüren

wissen wir schon das Ende
hier
wo keiner dieser Vögel sein darf
denn unsere Anfänge hier,
ja alle
sind lang schon aufgebraucht.

  Also wie gut es sich anfühlt
  Also dass das keiner von uns war

Futter und Schmutz

Als man ihnen den Himmel verdunkelte
riefen sie nach Licht, nach Helle
Als man Ihnen dann endlich Licht machte
erschraken sie und als dann
die stillen, dunklen Vögel kamen
wurden sie Futter und Schmutz
Die Übrigen liefen so schnell sie laufen konnten
nach Davon
und als sie ankamen
...
doch
viele kamen nicht an
viele blieben auf dem langen Weg von Zurück
das kalte Land nahm sie stumm
ein ganzes Meer hieß sie willkommen
ganz angefüllt für sie
mit Wasser und Salz und Tiefe
und Stille und schwebendem Dunkel
und alle ihre kleinen Träume
wurden gefressen, wurden Futter
und Schmutz

und als manche ankamen
war Winter in Davon
und in Zurück brannte die Sonne und das Bett
in dem die Eltern schliefen
in Davon brannte das Bett in dem sie schliefen
und unwahrscheinliche Männer
grölten Worte aus Eis und
einsamen Sternen ohne Himmel
und eine Mauer um Davon war auch dort
ganz aus Händen und Augen

die sich rieben und kaum glauben konnten

und blind herum tasteten

in der angstvollen Hoffnung
und erschrocken nach Zurück zuckten
es waren alte Hände
und noch viel ältere Augen
die schon Jahre nicht mehr geblinzelt hatten
Augen – nur noch Futter und
Schmutz

Zukunftsmärchen

Ausgezeichnet
Abgezeichnet
Unvergleichlich
Abgeglichen
Kaum zu glauben
Räuber rauben
und
Pferde schnauben
Ausgewildert
Abgemildert
Ungesehen
kein Verstehen
Blinde tasten
Käufer hasten
und
Alles im Kasten
Ungeliebt
Durchgesiebt
Ungefragt
Abgesagt
Diese Nähe
Dies Gesääe
geht nicht an
doch die Erde hat Geduld
und sie hat wohl wenig Schuld
und wenn dann endlich Regen fällt
dann will der Mann mit der Maschine
sicher Geld

Alltag

stur wie ein Ochse und blind
wie ein alter Hund
der nur noch bellt wenn keiner zuhört
wer hat diese Pferde
gezügelt
wenn nicht die Jahre

Die Schatten raufen sich zusammen
Das Licht läuft, nein es eilt, es rast –
das Licht -
das Licht dem Licht davon

ein alter Durstiger
fleht um Wasser
in den zweckmäßig ausgeleuchteten Fluren
gerinnt das Leben
und die Frau vorn' am Ausgang
wartet auf ihre Ablösung

Landgang, nach dem Erwachen, 2013

leicht wie ein kleiner Vogel
        auf dem ersten Flug
aber voller Angst
        weil der Wind so heftig geht
meine Mutter hätte ein Wort gehabt
        und Scham
perfekt waren die Maßnahmen
        die Toten mit Nummern zu kennzeichnen
Eier wird er legen der kleine Vogel, schwarze
        und eines seiner Kinder wird niemals singen
Du und ich, wir werden singen
        als ginge es um unser Dings, du weißt schon
Ungeheuer halten niemals die Luft an
        und der gute, ja der beste Ton klirrt
                wie Zerbrechendes
so schreien wir absolut höflich, relativ
        sind ein paar Hundert wenig
aber, aber,
        wer wird denn gleich aber sagen?

Landgang am Nachmittag, 2013

Ich bin fast stolz
in diesem Land zu leben
hier in diesem Land verhungert fast niemand
Nicht viel hier,
was noch zu wünschen wäre,
manchmal so gar noch etwas weniger
Betroffenheit hier und dort,
in den Gesprächsrunden
Nein. Keine Sehnsucht nach dem freundlichen,
unverbindlichem Wort aus einem mächtigen Mund
habe ich
heute an diesem Tag
schon gar nicht
nach einer klaren Absage.
Abscheu nur für
die Praktiken der Verachter,

das hier ist doch nur unser Schweigen,
das tut doch fast keinem weh,
wir machen hier in Marktwirtschaft,

wir hier sind ziemlich weit oben und haben doch
im Grunde genommen
ganz, ganz andere Sorgen
Wenn du den Spinat nicht magst musst
du dir eben eine Pizza kommen lassen
direkt aus Italien, von der Toteninsel.

nein, ich bin nicht stolz
nicht einmal niemand,
den sie uns hören lassen,
sagt,
das so etwas

nie wieder geschehen dürfte.

An ganz anderen Orten,
in ganz anderen Köpfen
schwelt schon der zukünftige, ganz andere Brand
wie das Feuer das zu bekämpfen wäre
am besten schon vor dem Ausbruch zu löschen
oder mindestens einzudämmen wäre.
Ganz ungefragt rüstet man uns auf
(genauer zu)
für die die nicht nicken
gibt es stärkere Medikamente
man nimmt uns bei der Hand
und führt uns an den Zaun,
hier ist alle sauber
nein hier gibt es bislang keinen
schwarzen Schmutz, hier ist
kaum verschämte Sauberkeit
das ehemals so große Ding hat kaum noch Wurzeln
der Sumpf musste Bauten Platz machen

ein wenig vermisse ich meinen Schrei
mein Lied und deine Stimme auch

dass der in unserem Namen Sprecher
niemals mehr reden darf,
dass seine Kälte mich nicht mehr frösteln macht,
die ge-verliehene Macht vergeht
dass der seinen Platz einnehmen muss
und schweigen soll
in unseren Ohren soll endlich Stille sein
bevor wir beginnen zu singen
und später dann
ganz unvermittelt zögernd leise lachen
wie der schlimmen Strafe
entgangene Kinder

Die Kämpfer, die alten, die jungen

alles Kampf
  ganzes
  langes
  halbes
  verpfuschtes
  kaum gelebtes
Leben Kampf,
viel zu viele Flugscharen zu Schwertern
viel zu viel Love to War
Alles
keineswegs vorbei
ein Hund der hier nicht knurrt

(Finger weg, das nur ja keiner gebissen wird)

her mit diesem Geräusch
das der Frieden macht
bei weit offenen Fenstern
und krass laut gestellten Fernsehern

unsere Erlebnisdemokratie
ist ein klein wenig verlegen

im Zuge der zerkämpften Zeit

geworden
die unermüdlichen Kämpfer
haben sich ein klein wenig zurückgelehnt
sie sehen jetzt etwas mehr nach oben
aber allesamt zu allem bereit
wie komplett durchgeladene

wenn es hart auf hart kommt
werden die nicht weich werden
hart und weich kam ja bei denen

schon lange nicht mehr vor.

„macht kaputt was euch verschnupft macht"
na klar wie nur was
„wer sich nicht wehrt wird vermehrt"

ich kämpfe niemals wieder
die Worte eines Häuptlings,
ganz ohne Federschmuck
keine Ahnung
woraus dieser lange Winter seine Kraft schöpft

wenn ich meine Schatten zur Hand nehme
und kalte Finger bekomme dabei
und all die Bilder in meinem Kopf
zurück lege in die staubigen Kartons
und ganz nach hinten schiebe
im Schrank ganz weit
ist da kein Staubkorn mehr

die Sonne dort scheint wie verrückt
unkaufbares Licht
alles sichtbar
mit unseren Augen
dennoch
tasten wir
nach dem Unsichtbaren
und treten erschrocken zurück
das der kleine Vogel
immer noch zuckt

Die Verlässlichen

Alles ganz gelassen
zugelassen
ein dreifach Verlass auf uns
ein
einfach Verlies
die Wärter werden nicht bezahlt
die bekommen ihr dunkles Brot
geschenkt
wie es die dunklen Bäcker backen
schon vor dem Tag
die halten leisen Rat
wenn wir schlafen
kaum gestört
die Ordnung hält Gericht
und die Schuldigen sind immer die gleichen Selben
auch wenn sie
manchmal, ja meist
ganz unterschiedlich aussehen
doch den Einen
dort drüben schräg hinter der schönen Frau
erkennen wir wieder
auch wenn wir seinen Namen
nicht erinnern

wer weiß das schon noch…
ziemlich alt, die Geschichte

Nachrichten aus (n)immerland

immerland
der starke sender
leicht gestört
der empfänger schwach
– verstört
die worte klingen,
ja sie sind bekannt
Obwohl doch
aus dem fremden Land
Endlich
die Musik klingt fremd
ein alter mann sucht Taschen
in dem letzten Hemd
dann das Wetter
endlich wie gewohnt
Keiner,
keiner wird verschont

wimmerland
der starke sender
leicht verschwommen
der empfänger konzentriert
man hört sie kommen
die Worte ja sind alt bekannt
man hört gebraucht
wird jede Hand
um dieses schrille Wimmern
doch, doch da muss sich jemand kümmern
doch ganz egal, ja das steht fest
hier wird sich alles noch verschlimmern

schlimmerland
der starke sender
längst schon abgeschaltet
hier sind jetzt Zahlen auf dem Tisch

und alle Herzen fast erkaltet
hier adelt man den Spender
hier bringt man Orden nun ins Spiel
hier huldigt man dem Blender
hier heiligt man mit Schein
und Tat das kalt geplante Ziel

nimmerland
hier häuft man Schatten
jeden Tag
verbrennt sie in der Nacht
um so das Schwarze in der Nacht
zu schwächen
und nichts und niemand
mehr zu rächen
nein niemals mehr hier
hauen stechen
hier lacht man leise über Worte
wie Verrat
hier hält man Kälte für Verbrechen
und jeden Tag trennt
man die Naht
denn einer hier ist wert wie alle
und keiner mehr
geht hin
und stellt dem anderen die Falle

Für Dich, na klar   Oktober

Aber -
was kann ich singen,
das Lied ist älter als ich und Du
und jung wie eben geweinte Tränen
soll alles wie ein Schwan sein
für Dich
und kein Schatten soll sein
kein Hunger
kein Hass
für Dich
dunkles Lachen soll sein
eine Tau bedeckte Wiese
im April, ein Reh das lautlos flieht
helles Vertrauen soll sein
eine verlässliche Hand
ein schlafender Schimmel im Mondlicht
für Dich
aber
was kann ich singen
ich ohne Worte
für Dich

Handlanger

Die anreichen
Die immer reichen müssen
Die immer an sind

geduldig wie tote Lämmer
ganz
furchtbar
plötzlich
Gewehre schultern
und in die einzig mögliche Richtung
ziehen hinaus

Und alle Namen der Hände sind
aufgeschrieben in allen langen Listen
geordnet willkürlich
Handlanger von langer Hand
durchgeplant
wie Astlöcher oder
Windstille
gib mir nichts
ich werde es nehmen

Hände,
lang wie die rundlich gewordene Welt
die Gute, die Alte,
die vor Zähnen starrende
an der all das Leben rot abtropft

Ab und An
oder später vielleicht
wird es – nein
muss es Menschen geben
ganz ohne Hände
damit es sie endlich nicht mehr geben kann

dann werden die Schweine sich selber züchten
für den Hunger
die Meere werden Flüsse aufziehen
für den Durst nur
und Berge für die Klarheit der Verhältnisse,
den Überblick und auch die Gipfelstürmer
werden Steine gebären

Wir werden sie hegen
die kleinen Steinbrocken
wie sie ihre runden Münder aufsperren
einzig unklar ist noch wer sie füttern wird
und womit

Klein (angefangener Versuch)

Als du klein warst
warst du nicht viel mehr als
zu kurz für den normalen Gebrauch

du hattest ein rundes Lachen wenn
ein Großer dich in den Bauch piekte
sanft
in deinem warmen Bettchen

war kein Platz für Anderes
doch die Großen
geben immer etwas mehr hinein
als hinein passt
denn es sollte dir an Nichts mangeln
sie spuckten große Gespenster
in deine kleinen Ohren

sie füllten in dich
alles von dem sie wussten
dass es dem Wachsen hilft
und dem stark werden

und klug
dafür hatten sie Worte
damit verstopften sie dir
ganz umsonst
die Ohren
sie lehrten dich
dich zu messen mit anderen Kleinen
doch dann
als du siegtest
nahmen sie alles
zurück

und leer

wie du geworden warst
gaben sie dir eine einzige Farbe

und dazu
deine viel zu dünne Haut

das musste dir fortan genügen

der, die, das

der da
den hat man ausgezahlt
hat nichts mehr zu kriegen
hat alles bekommen
ausgezahlt eben

die da
die hat man abgesagt
nicht mehr angesagt
hat wer gesagt
sie hat versagt

das da
ist ungekannt
tot gebrannt
ein schwarzer Schnee
hat es bedeckt
sanft nur erschreckt
war unbefleckt
nie angeeckt

Methode

also hier
hat man den Soldaten
den aus der Welt Gefallenen
aus dem großen Krieg
einen haltbaren Stein auf die Erde gesetzt
das keiner vergessen wird
von denen die vorüber gehen
lachend an einem Sommermorgen
hetzend im peitschenden Regen
das die Toten keinen Grund finden
wieder zu kehren
womöglich noch als Warner
aufgeregt und hochgradig ansteckend
die Hecke wird gestutzt
das sie nicht davon fliegt eines Tages
oder schlimmer noch sich
heimlich davon macht in der Nacht
vor dem Gedenktag
das Moos wird aus den Ritzen gekratzt
das die Buchstaben gebräuchliche Namen bleiben
die Enkelkinder
sind ungefragt Gärtner geworden
sie jäten
noch unwillig jung
an einem Samstag Morgen
Unkraut
wertloses Gewächs
das weg kann

Krähen im späten Herbst   für A.

naht, naht schreien Sie
sagte meine Mutter
im Herbst
als sie noch sprach(en)
die Krähen hier an diesem
Himmel
den habe ich jetzt ganz
für mich allein
den Himmel,
nur eine einzige Heimat
eine einzige
vielfarbige Hülle
und dabei
voller Schreie
von schwarzen Gestalten
geboren mit Flügeln
und Kehlen voller
Sehnsucht
Herbstwesen,
ganz und gar
verlorene Engel

Hier

Hier bist du angekommen
und
hier bist du verloren
man hat dich gesucht
im Herbstlaub fand man
Spuren von dir
und kein Ruf sei dort
gewesen
sagten die Bäume
nein, es waren nicht die Krähen die nach dir riefen
als die Nacht kam
auch nicht die Falken
ihre Glöckchen verrieten ihre Herren

Die Amseln,
so hoffst du
bis heute
waren es
so ein helles
klares Rufelied
ganz wortlos
  keiner kann das aufzuschreiben
  mancher will es nicht
  wie diese Menschen
  die in ihrer Bewegung ihr Zuhause haben
  die lebenslang dem
  herrenlosen Papier ihr Vertrauen verweigern
hier bist du fort gelaufen
und
hier bist du nicht weg gekommen
man hat dich gefunden
im sorgsamen Nest der Eulen
die jede Nacht ihren Hunger jagten
und
die dich niemals fütterten

das Futter war nicht knapp

die alten armen Kinder
hatten Nebel gesandt
aus Athen
und die Nachricht
war kurz aber klar
vieles ist vergangen
seit wir die Grenzen machten
doch einiges Wenige
muss uns jetzt
in diesen rohenden Zeiten
genügen um
fest zu halten

Hinterhergelaufen

dem Band, dem Faden

dem Band, das verband
das fesselte, abschnürte
und flatterte.

Atemlos gezogen,
abgehängt
alle Farben verraten
aber immer hinterher

den Anschluss verloren
in den Nächten nach Licht gewimmert
kein Wort gesagt
aber den Anschluss verloren

anderes gefunden
der rote Faden war Verrat
alles was genügte war mehr als zu viel

keine blassen Schimmer
aber immer hinterher

nachgejagt, und keiner dabei
der deinen Nacken auch nur einmal zu Boden

viel zu spät gekommen
der Bahnhof, die Gleise,
alles weg wie weg

jetzt verscherbeln sie das Lachen und das Weinen,
egal was dir – mir gehört
ihre Märkte wachsen

sie blättern dich auf die Theke

doch der Mann hinter dem Tresen

schüttelt
etwas müde
seinen Schädel
ganz gewöhnlich
wohl kaum genug
sagen seine Augen
für fast ein ganzes Leben.

Im Innern des Landes

im Innern des Landes
so hört man neuerdings
regt sich was,
es sind Rufe,
ja nachts sogar
Schreie in die Stille im Innern gekommen
an den Grenzen herrsche
soweit bekannt herrschende Ruhe
man habe sich im Innern
auf die Gewalt verlassen
des Meeres
ganz und gar verlassen
habe man sich verlassen
etwas allein geworden sei man
aber in bester Gesellschaft
soweit
doch nun hat man den Anderen
Erde gegeben, Boden unter den Füßen
zum Laufen, zum Gehen, zum Fallen gegeben
und nun werde gegangen ins Innere
so fürchtet man
das so zart und fein gereift
in der blutigen Asche
die nun im Innern kein Wind mehr verwehe
und nachts in den hellen Nächten
höre man sie heran stampfen
barfuss
große, kalte, schmutzige Füße
und das arme Innere
erzittert
man müsse

so hört man alterdings

vorbereitet sein
damit all Stein noch auf dem anderen bleibe
und dort soweit man weiß
war alles rein und gut

und niemand hielt sich für verloren
kein Wort mehr davon
für guten Braten braucht es Tod und Fleisch
für Hunger braucht es Gier
und für Liebe
braucht es Krieg
das stände fest im Innern
ganz egal was die anderen sagen

Karaoke

Willst Du nicht auch ein Lied singen?
wie lang ist das her?
  als es die elektronischen Vögel noch nicht gab
du kennst doch die Worte der Hymnen
du hast doch die Melodie nicht vergessen
nach der langen Zeit
  als die Vögel noch sangen an jedem Morgen
sie werden pfeifen und jubeln
deinen Namen rufen
oder
den Refrain – wer weiß?
wir wissen dass du das kannst
das hast du gelernt
wie wir
jeden Ton konntest du doch damals schon
auswendig daher sagen
und an den richtigen Stellen
die Pausen einhalten
  jedoch die neuen Vögel haben keinen Atem,
  keinen Herzschlag doch Augen in denen
  Lichter blinken und Zahlen das Ziel in schnelles
  Leuchten fassen
damit die Alten
noch Zeit finden in den Heimen
sich abzuregen
dem Alter angemessen

das Mikro ist genau richtig eingestellt
es kreischt wie eine sterbende Frau
genau
an den richtigen Stellen
nun mach schon,
ist doch so schön der Abend
  und hierher zu uns kommen die stillen Vögel nicht
  mit ihren furchtbaren Eiern

und diesem kranken Stolz

das hat man uns zugesichert
schon fast verblasst die Unterschriften
unter den Verträgen
So sing doch endlich,
nimm das Lied von den Kindern
wie sie den Ball jagen
nun komm schon
dann sing doch das Lied von den Männern
wie sie die Luft anhalten
als wären sie Fische, die an Land leben,
du weißt doch das lustige
mit dem einen Wort am Schluss
wo alles einen Moment inne hält
als sei schon das Ende da
  noch haben sie nicht x ausgerechnet
  noch lösen sie Klammern auf
  und die Stille am Himmel
  ist nicht deine Verheißung
und dann
alle Mann,
weißt du das noch
solche Lieder gibt es heute nicht mehr
oder nur noch?
oder gut,
dann sing doch wenigstens das Kurze
von dem jungen Mädchen
mit den Blumen im Haar
wie sie heran welken
und rascheln wie tote Blätter
das Mädchen das auf den Liebsten gewartet
hat am Fluss
der alles übertönte
  sein Fließen brauchen wir heute nicht mehr
  es scheint an der Zeit
  die furchtbaren Falkner

ganz offen zu loben
bist du denn gar nicht in Stimmung
heute an diesem wunderschönen Tag

an dem man den Himmel streicheln will
damit der die Wolken hält
ach du ich weiß das doch auch
die Sonne hat immer noch keine Junge gekriegt
jetzt mach doch einfach
ich zieh' mir einen Scheitel bis zur Sohle
und werde alle Versprechen halten
wer weiß, vielleicht
auch die, die ich nicht gab

Während ich warte   -   altes Gedicht

kurzer Augenblick
langer Blick,
kaum gefunden, schon
verloren
alles schon mal da gewesen
doch die Ampel hier
ist neu
fast immer rot
da, ganz kurz blinkt es gelb
die Autos knurren wie verrückt vor Hunger
die armen Unwesen
einsam wie leere Schnapsflaschen
halten sich Menschen
die fast alles tun damit sie
satt und schön sind
schon wieder rot
fast
wie die Farbe der Liebe
aber dafür brauchst du Zeit
und ich
warte hier auf Dich
ich werde dich über die Straße bringen
damit Du das weißt
vielleicht wir zwei
so könnten wir
auf die andere
oder vielleicht
auf unsere Seite kommen.

Lebensläufe

Laufrad

los gelaufen

weg gelaufen

aus gelaufen
mitten drin ins Bockshorn gejagt
kurz zur Beute, dann aber Gärtner geworden
kein Pardon bis dahin

mit gelaufen

etwas angelaufen

hinterher gelaufen

auch wieder
schief gelaufen

zugelaufen

abgelaufen

Ungefragt

dazu gekommen
los gelaufen
schneller zu werden
getrieben

aus der Kurve geflogen
(endlich fliegen)
der rechte Weg zu langsam gewesen
Abkürzung genommen
endlich
abgedriftet
angehalftert
abgehalftert
auf die schiefe Bahn gekommen
nur
angenommen angekommen

aus genommen
Alles ungefragt
Alles beantwortet
Nichts für ungut
Gut für nichts
Nichts für Nichts

Ungefragt alles
schon mal da gewesen
alles schon mal gesehen
kein wenn
und schon gar kein aber
langsamer geworden
wo alles schneller wird
auch

aufgefunden
abgefunden

Ungefragt
hat das Leben dich gezählt
und flüstert

eine alte Zahl in die nahende Nacht

Laufrad

ab gelaufen

tot gelaufen

Märkte – ein Traum

1

Die Schattensammler
stöhnen vernehmlich
ihre Geschäfte
gehen schlechter
etwas
wegen der Kosten
die die Kälte ursächlich
verursacht
Hier in der Sonne
brennt dein Lachen
Löcher in die Luft
und die wollen gestopft sein
damit nur ja kein Licht eindringt
in die fein geschaffene Welt

2

Ich kenne einen freundlichen Fluss
der jeden mitnimmt
und wenn du deine Ziele vergessen kannst
könnte ich mich an die Stromschnellen erinnern
ich könnte sie rufen bei ihren Namen
es gibt einen Vogel zwischen den Wirklichkeiten
der nur einmal in seinem Leben singt
sein Lied ist lang und leise
und fremd sein Wort
doch sein Gefieder
trägt ihn leicht durch dich und mich
und
die Melodie seines Liedes

würden wir etwas daneben
leise mit summen
im Rhythmus
des Wassers
das Äste biegt und Steine glänzend schleift
auf den vielen Wegen
hinab und hinauf

3

Dieser verdammte Lahmarsch
Alle Tische sind besetzt und satt
Alle Tische verlangen nach der Rechnung
Alle Tische wollen endlich bezahlen
Alle Tische wollen endlich wissen was es gekostet hat

4

Nein, ich will keine Katze sein
vielleicht
ist das kein Ziel, kein vernünftiges
ich will kein Tier sein
es sei denn
die Tiere könnten vergessen
oder immerhin
bewusstlos stolz
darüber hinweg
stelzen

wie ein auslaufendes Schiff
oder was besser noch
wie ein einlaufendes

5

Heute ist alles verkauft
die Preise

so weit
stimmten
zuletzt
nehme ich das Brett
das Tuch, die Kanne
und begehe die große,
die einzige Sünde
und schenke das alles her
mein kleines Handwerkzeug
hier, nimm für
Nichts

6

ich gehe ganz weg von hier,
drüben bei den Trümmern
scheint eine Ruhe zu sein
nichts von diesen seltenen Stücken
kann noch zusammen gefügt werden
nichts passt zueinander
denn all das
ist voller falscher Kanten
passgenau nur das Wasser
wenn kein Wind geht
gut so
rufe ich den Wächtern zu
Endlich keine Gründe mehr
Wände zu bauen,
Zäune oder weit offene Tore
wir können an den eigenen Feuern
uns wärmen

einzig die Flammen
noch
Grund für Wärme

7

ein Letztes noch
ein Himmel für Dich
einer auch für mich
manchmal wenn die Wolken
zu schnell getrieben von Winden
kommen wir zu nah aneinander vorbei
als das wir uns in mir oder dir
erkennen könnten.

Doch die hellen Segel,
deine, meine
werden leuchten

selbst in der Ferne

glaub mir das einfach

Ansgar

Ansgar war rar,
unter den Dichtern
den wirklich hellen Lichtern
ein Stern, ein Komet
der Kern, ein Pamphlet
doch manchmal
wenn die Nacht
die seine
zu dunkel geworden
und zu kalt
dann spürte er
keine reine
kaum gebeugt von Orden
Freude mehr – ja, ja,
er wurde alt

doch dieses
war nicht immer so gewesen
er konnte lesen
und selten auch einmal wie Hunde bellen
und auch nur wenn verlangt
an purem Unverständnis kolossal zerschellen

die ganzen großen Lebenslagen
komplett und sorgsam durchgedichtet
da waren nicht mehr viele Fragen
nein alles von ihm selbst gelichtet

er hatte die Natur beschrieben
s'gab kaum ein Tier
bei dem er nicht geblieben
kaum Zeit für Kotelett und so
war ihm geblieben

doch auch die großen geist'gen Dinge
die hatte er sich vorgenommen
er spannte sie in seine Dichterzwinge
doch blieben sie, wie's mal so geht
dabei ganz leicht verschwommen

er dichtete den Hass in Grund und Boden,
er ruhte nicht, saß er an seinem Dichtertisch
die Gier, die Angst, des Hengstes Hoden
nur manchmal hielt er ein, er spürte Appetit auf Fisch

jetzt saß er dort, in seinem stillen Kämmerlein
es klopfte laut, die Frau
stört ihn beim Grübeln
doch hier in seine Welt da ließ er niemand rein
er ahnte, ja er wusste diese Frau
wollt' ihn zum Dübeln

doch diese groben Dinge
waren nie sein Ding gewesen
er kam aus Unterunterdinge
und wusste hier lag sein Genesen

hier in der stillen Dichterstille
nur hier war hier und er
woanders nicht, das war sein Wille
nein anders, das war ihm zu schwer

er musste sein und bleiben was er warr
einzig so war die Idee
ein kleiner Mann mit großen Worten
und schimpfte man ihn auch den Narr
er wollte sein ein stiller See
ein großer Dichter wenn auch zumeist
an kleinen Orten

Als Vati verrückt wurde
(noch dazu in Gegenwart der Tante)

Man hatte es schon kommen seh'n
die kleinen Augen, Haare in den Ohren
Am Anfang war es ein Verseh'n
die alte Tante flüsterte er ist erkoren

als er dann anfing Hunde in den Kopf zu beißen
die Ehefrau schon etwas echauffiert
der Doktor fragte ob er regelmäßig esse
sprach sie so leise wie's nur ging
ja, ja, auch Ärzte kann man in der Luft zerreißen
und außerdem die Küche sei ganz ohne Zweifel
tatsächlich, ja exotisch fast und sehr geschmackvoll mariniert
Und Vati leise nur „ach halt du doch die Fresse"

Der Doktor war soweit man weiß ein echter Kenner
er hatte wunderbare rosa Pillen mitgebracht
er wird genesen spätestens im Jenner
die nimmt er früh und spät um Acht zur Nacht

im Jenner dann
die rosa Pillen hatten Vati stark verändert
da sah man Vati dann und wann
auf Bänken sitzen
oder auch nur etwas außer Atem
draußen an den Schleusen schwitzen
er stammelte wobei er grinste
im Bäckerladen nach den Brötchen
oh wie er nach den Schnecken linste
und draußen vor dem Laden gab er Pfötchen

doch kaum war der April vergangen

da war er fast ganz nicht mehr da

beim Doktor gab er sich gelassen
beim Fischmann nahm er nur noch Aal

er wirkte plötzlich schrecklich klar
die Augen leer, kein lieben hassen
gar keine Frage
ja Vati war ganz ohne Zweifel
mit einem Schlag normal

So konnte man ihn endlich dorthin bringen
und jeden Mittwoch vor dem Nickerchen
hieß man ihn singen
ein schönes stilles Haus
sehr groß mit immer leerem Garten
ja, ja mein Alter hier, hier darfst du warten
und niemand ließ ihn mehr hinaus

Das Unserlied – kein Liebesgedicht

was kann ich tun
ich könnte deine dunklen Wolken aufhellen,
mit Licht aus meinem kleinen Vorrat
ganz hell und sie den ganzen Tag an deinem Himmel
Anker werfen lassen.

aber das schaff' ich nicht ganz, nicht an diesem unverlässlichen Himmel

aber ich könnte auch
deine Schatten
von Hand unten am großen Fluss
weiß waschen und zum Trocknen an die unteren Äste
der alten, schon wieder grünenden Buche hängen

aber das schaff' ich nicht, nicht bei diesen wechselnden Winden

aber ich könnte auch
deine Nächte behüten vor den schlimmen Träumen
ich könnte den Kaspar machen wenn du weinst
oder den Ritter
wenn ein Drache dich hetzt,
den Ritter der schon alle Windmühlen totgeschlagen hat
der dich in ihrem Mehl badet
und sorgsam jedes Blatt von deinen Schultern nimmt
damit das Wesen mit dem Speer
dich niemals treffen kann

aber das schaff' ich nicht bei diesen tückischen Drachen

aber ich könnte auch meinen Namen in deinen schreiben
dass keiner mehr ein Wort verstehen würde
und wenn Du singst
wie der große leichte Vogel und der Wind

seiner Flügel uns
biegen würde wie Bäume

und aus den Wolken,
deinen und meinen
dem Vogel ein Nest bauen
mit Platz für Drachen und Windkinder
und dein Lied
und meines
das leise Unserlied.

Frühling, trotz Allem

Allergiker rümpfen die Nasen
die Bäume haben im Herbst gefickt
als gelte es ihr Leben

dort, ganz weit vorn wird gegrillt
endlich haut die Jahreszeit mal so richtig rein
ein bisschen schüchtern noch aber kaum zu bremsen
allerorten sinken Bürger zu Boden
aber es fließt erst mal kein Blut
auch der Frühling hat seine Grenzen

manchmal reckt sich ein verdorrter Ast
zitternd in diesen jungen Wind

sicher hält der kleine Bach sein Bett
die Vögel, natürlich die Vögel
schreien alles in Schutt und Asche
natürlich die Vögel
mit ihrem langen Gedächtnis

Einige
Wenige
warten
auf den nächsten runden Mond
und hoffen
trotz Allem
auf einen Neubeginn

Momente, verschiedene

In Nächten gegen drei Uhr
leere Batterie, ein unbestimmtes Gefühl
wie Angst vor Allem
ein Hauch von Morgen
abgelaufenes Haltbarkeitsdatum
Diese Suppe duftet
nach Gestern und schmeckt
nach saurem Salz
Doch gestern, im Auto
war da ein Licht im Licht
Etwas ungewohnt Leichtes
und ganz automatisch
geht dein Fuss vom Gas
um etwas länger dort zu bleiben

Taglos, zu spät   ein Versuch beim Denken an T.

Keine Ahnung wer diesem Tag
diesen Namen gegeben hat
immerhin am Morgen wälzt sich die Nacht
wohin auch immer - doch
bleibt sie leise höhnisch in Schreihnähe
ich weiß das nicht
das Los ist fast bezahlt
ich weiß das nicht
nun wird es heller
nicht alles Dunkel geht - noch
hältst du den jungen Zweig
siehst du den Fluss ihn biegen
siehst den Wind ihn zittern lassen
ich weiß das nicht
der große Schatten sich machtvoll dunkel
ganz unaufhaltbar
der Helle überlegen zeigt,
der alte Schweiger
seinen kalten Mantel
über alles Dein geworfen hat
noch früh,
lang bevor die kleinen Vögel
die kleinen Lieder versingen
halt ein Tag
öffne nicht das Los
geh einfach vorüber

Durch den Zoo

ungewohnt für unseren Lauf der Dinge
am Eingang wird bezahlt
es gibt Ermäßigungen für Viele

aber ich will das Tier sehen
ich schwitze fast
wie gut dass es Wegweiser gibt
die besten Tiere sind ganz hinten
fast am Ausgang
ja schon fast dahinter
die Vögel, einige haben sehr bunte Federn,
gestutzt und nicht unbedingt schön
soweit ich weiß

die fliegen mal nicht mehr
weg wohin denn nur
die Schnäbel sind hart wie Eisen
aus der Erde
wenn sie singen,
das tun sie hier nicht
hier
schreien sie manchmal
hier
wird dir manchmal seltsam
kennst du das
wenn du nicht nur mit den Ohren hörst

ein bisschen weiter nur
sind die Wölfe
dünne, sehr unruhige Monster
werden hier gehalten wie anderswo
Raubritter ganz frei herum laufen
an jedem Käfig hängen Schautafeln

man kann lesen wie alt sie werden
hier wo sie doch keineswegs leben
werden sie alt
trotzdem
ihre gewöhnliche Beute sind nicht nur Säugetiere
und hier
fast immer sind sie in Bewegung
wie Haie, die, so sagt man niemals zur Ruhe kommen
das macht sie so berechenbar

wir müssen weiter,
das Tier am Ende
hier ist es still
da liegt eine schmutzige Kappe,
ein kleiner Haufen Stroh
ein schwarzes, lautloses Loch dort
im nachgebildeten Stein
keine Spur hier von dem Monster
das alle gesehen haben
ja einige haben sogar die Krallen gespürt
die Angst ist gut gelernt
jeder Schatten weiß wo er hingehört

jetzt schnell zurück zu den Kindern

die Kinder blieben bei den Schildkröten
sie streicheln die grünen, kleinen Panzer
und lächeln dabei
als wären sie uralt

Weißt du noch?   In Erinnerung an HH

weißt du noch
wie das war, damals
mit diesem kleinen Kerl,
dem mit der Brille
diesem Kind mit der Brille
über den sich alle totgelacht haben, weil
der nicht wusste
wo er hin gehörte
und einen großen Bruder hatte, ja der auch
der konnte Frösche nur mit einem Strohhalm
und einem Mund
aufblasen bis sie rundlich starben
weißt du noch
der wohnte da unten im Tal,
der Vater war ja schon tot
oder weg oder was
wir nannten ihn ich weiß nicht mehr wie
und ich glaube nur zwei von uns
besuchten ihn,
einmal wurde er voll wie ein kleiner Kerl
in einer Schubkarre
abtransportiert
keine Frage
weißt du noch
er war ein Lappen und wir alle haben uns die
stinkenden Hände an ihm abgewischt
ein kleiner Lappenkerl,
ein kleiner pickeliger Nietenzieher
weißt du noch
wie er einmal
prahlte
ungeschickt
und für Sekunden ließen wir ihn glücklich
bevor wir ihn zerkleinerten

jeden Tag
mit jedem Gedanken

weißt du noch
wie der auf einmal starb
aber klein, versteht sich,
da konnte ihm ja nun wirklich keiner mehr helfen,
weißt du noch
wie der hieß,
den Namen, den seine Mutter
ihm gab?

...

Doch, ich weiß das noch.

Alte Geschichte vom Stein

der, so sagt man, unter der dünnen Schicht Erde
wartet,
stur wie ein Stein
dass wir andere werden,
denn als die zornigen Götter ihn
zerschlugen,
herab schmetterten,
zerbrach er wie trockenes Brot
und so kam der Hunger in die Welt
und der Hunger war hellwach
und alle die ihn kannten
flehten ihn an den Hunger,
doch der Stein, kleiner zwar geworden
hielt fest an seinem uralten Plan
und sammelte die kleinen Schatten um sich
und seine Splitter wurden scharf
und sie schmeckten nach Dunkel und Blut
und so kam der Hass in die Welt
doch die Erde verdorrte
denn das Blut genügte nicht seit dem
und kein Blut schliff stumpf ihn,
die Kinder,
keine Wurzel sprengte ihn und seine Kinder
schrieen nach Licht
doch darüber waren wir
und übertönten alles Flehen ohne Mühe
und waren härter als der alte Stein
und hielten stand bis heute
ganz ohne Plan

Landgang in der Nacht h!er, 2016

Achtung Leute,
Leute, Leute! - haltet doch mal Ruhe
Leute, h!er geht es um Werte
kaum zu glauben, aufgepasst ihr gläubigen
Gläubiger
500 - in Worten fünfhundert
ungefähre Namenlose
     (die genauen Zahlen entnehmen sie bitte der
     Friedhofsverwaltung Mittelmeer Mitte)
sind wieder mal ersoffen
   kaum zu glauben
   dass die immer wieder ertrinken
   diese viel zu fremden Fremden
   kaum zu glauben
dass die das sagen dürfen
in unsere guten Ohren
von diesen unverhandelbaren Werten
  die auf dem Schwarzmarkt der gehobenen Lügen
  kaum noch was einbringen
Leute,
wir haben h!er einen
handfesten Skandal
ja wir haben h!er einen Abgasskandal
  im Brennpunkt
  übertragen sie fast 15 Minuten
  das Schlucken der kaum überraschten Aktionäre
  nur keine Angst
  die kommen wieder hoch
  lebend
doch natürlich gibt es Liebhaber
die immer noch obwohl wirtschaftlich
nicht verständlich
Werte ankaufen
H!er und jetzt spielt der Preis keine Rolle mehr

Die Konzerne haben geschummelt sagen die
  Moderamotoren
  gut gelaunt im Radio
  gleich danach das Wetter von Morgen
unsere Werte haben zwar etwas an Substanz
eingebüsst, sind aber keineswegs ver-w-h-andelbar
das sind doch h!er so was wie g-v-er-wachsene Ideale
wir halten uns an den Rat unserer Banker
zerreden ist Silber und geht immer
und Leiden ist Gold, verlässlich
im Wert
und Eisen
also Eisen ist Zukunft
Eisen kann richtig gut tun
aber auch richtig weh
Eisen kann alles
    glühen kann es
    es kann rosten
    und geschmiedet kann es werden
    geformt und gegossen
    es kann hell klingen unter dem Hammer des jungen
Schmieds
    es kann glänzen und
    stumpf werden kann es
    es kann stumm in der Erde liegen
    es kann durch die Luft pfeifen
    es kann zerfetzen
ihr wisst wer ihm all die Kunststücke beigebracht hat
warum kann es eigentlich nicht lachen
Und es beginnt wie Eis – das Wort
und wenn der Schmied seinen Hammer gehoben
bleibt wenig Zeit für Fragen

die Investoren lächeln gebannt
h!er
als endlich all das nun verschandelbare
unter den Hammer

der Märkte kommt
hingeschoben mit spitzen Fingern

die Märkte legen die Lupe beiseite
seufzen verschämt genüsslich
lehnen sich endlich
beruhigt zurück
die Herbststürme an den Küsten
werden in fremde Schuhe geschoben
abgelaufen, mit zusammen geknoteten
Schnürbändern
die kaum noch taugen
zum Gehen

So nimm doch

Nimm die Wolle
und webe mir einen Teppich
wenn du willst
flieg davon auf ihm
und such deine Farben
aber lass kein fremdes Muster zu

Nimm das Tuch
und nähe mir ein Gewand
nicht zu haltbar
aber warm genug
für Heute oder Morgen
doch lass Platz
das ich wachsen kann

nimm dein Wort
und singe mir das eine Lied
wenn du willst
darf es laut sein - sogar zu
doch dulde keine Mitsinger
nur du sollst singen
niemals sollst du es aufschreiben
und einen Refrain
darf es keinesfalls haben

Reden – sag schon - her damit, Worte her

komm
wir reden mal eben
über dein Pro
blem
beabo
tokoll
stataproblem
seccoerlebnis

wer spricht beißt nicht

das musste doch mal gesagt werden
du musst jetzt nicht wütend...
wir reden doch sonst über alles
vielleicht kann Sven das...

komm wir reden mal eben
über dein-e-n An
liegen
stalt
stellen
standsgetue
wesen
trag

wer redet schreit nicht

das ist es doch
was angesagt ist
wir reden mal eben
über dein-e-n Ei
telkeit
le
fer

nser in Mathe
nerlei

ich weiß ich mache einen Haufen Worte hier
aber ist es nicht das
und das
das unterscheidet

dieses Gerede
kann doch nicht alles ein
ich werde dir keine von diesen Fragen
schon gar nicht warten
auf dei-n-e-n Ent
gegnung
sorgung
's
artung

wir müssen doch wieder mal sprechen
du, ich
das man weiß woran wer ist
bevor man war
ein, zwei Worte, nicht mal laut gesprochen
es gibt doch Mittel gegen Heiserkeit
es gibt doch Mittel
wir können das doch regeln
es gibt doch Mittel
wie vernünftige, erwachsene Menschen
es ist doch so wichtig
das das Gespräch nicht abreißt

diese vielen losen Fäden
fangen ja schon an einem Wirrwarr
zu gleichen

mit dem man nur noch Feuer
entzünden könnte
das kann doch nicht in deinem Sinne
sein – diese Hitze

diese Helle
und überdies
ist es ver
boten
kauft
korkst
pönt
und
dorben
du weißt doch was man sagt
wenn man erst mal an dem Punkt angekommen ist
an dem es kein zurück mehr
und keine Worte
mehr helfen

es geht doch hier nicht um das letzte Wort
das wollen wir nicht
nun sag schon
wir sind doch unter uns

lass uns reden solange noch Zeit ist
und Luft
wo wären wir denn ohne Mund
gerade du mit deinem schönen Mund
doch wohl nicht hier
auf diesem Gipfel
an dieser Quelle
Hast du denn ganz vergessen
  wie es den notorischen Schweigern ergeht
  wie es geht
  wie es dahin plätschert

wie es endlich Klarheit schafft
  wie es Wahrheit wird
  wie es Folgen hat
was weißt du denn schon
ganz und gar aufgezogen mit Stimmen

Jetzt
mach doch mal das Maul auf
bewege deine Zunge
und hör endlich mit diesem Atmen auf
dieses goldene Rein und Raus
wir haben schon so lange nicht mehr gequatscht
beim Bäcker oder neben deinem Auto
im Nieselregen

Ausgesondert

Die ersten Jahre
ging alles noch einigermaßen gut,
doch dann dort wo sie hier die Kinder
zum Wachsen in die Erde stecken
maß man dich mit diesem seltsamen Instrument
und auf der Skala gab es Marker
gelbe, sogar einen dicken roten
und deine Mutter lächelte und strich über
dein Haar
deinem Vater fehlten die Worte
und in der Nacht verfluchte er den Tag
an dem das mit dem zu wenig angefangen hatte
in der Schule gab es kaum
Abweichungen
andere waren besser vorbereitet
fast natürlich hielten sie sich fern
von Abweichungen oder
Ähnlichem
Die Instrumente zum Messen
wurden mehr und kaum jemand vermochte
noch mit ihnen zu messen
doch die Tabellen sprachen
diese deutliche Sprache die niemand verstand
zu laut für Ohren
doch die Worte waren nahezu perfekt
aneinander gereiht
und rollten von der Zunge
eines voll ausgebildeten Gutachters
und ließen kaum noch Fragen übrig
ein kleiner Rest
vielleicht wenn es gut gelaufen war
eine kleine Handvoll
deine Mutter berührte dich kurz am Handgelenk

auf dem zügigen Flur
Vater hatte Nachtschicht

ein Mann von der Stadt tat
was er konnte
doch die Frist
war schon in der Wiege
gänzlich unbemerkt abgelaufen

Doch, doch, das muss man einfach mal sagen
die alte Skala weiß
immer noch/schon wie deine
Schatten fallen werden
denn das ist es doch
was das Ganze zu dem Ganzen macht
eine Stanze aus Stahl
die alles abschneidet
was niemals dazu gehören darf

Sperr deinen Mund auf
Du kannst den Wind schmecken
aber nicht kauen, essen
sperr deinen Mund auf
vielleicht
ein Mann weist streng auf den Weg
der Weg ist ein Geschenk
immer gern gegeben
der Weg führt zwischen steilen Felswänden
hinunter zum tosenden Fluss
Mutter hat dir Brot zugesteckt
und auch das Geld von Vater

so mach dich auf den Weg
und nur keine Angst
es wird dir niemand entgegen kommen

Dieses Bild

da war dieses Bild,
da war doch dieses Kind
dieses eine Kind
dieses eine Bild
von diesem einen Kind
ein totes Kind
ein Mann in Uniform
viel zu groß für das Kind

ein wirklich
eindringliches Betroffenheitsevent

da war doch dieses Bild,
da war doch dieses Kind
da war doch dieses eine ertrunkene Kind

auf Facebook
werden tausendfach die Kerzen nicht angezündet
ganz egal, denn auf Facebook
wird es ohnehin nicht hell
falsche Kerzen, falsche arme Flammen
lichtlos wie künstliche Augen
nein
diese toten Kerzen stinken nur
nach Masken
ganz aus Gesichtern gemacht
und lauwarmem, billigem Schnapsersatz
der nun wirklich
keinen mehr blau macht

tausendfach geteiltes
Darstellungsleid,
komplett aus Werbung finanziert

und selektiv und intuitiv und insgesamt nicht sehr tief

wie ein verlässlicher

Algorithmus

eine wirklich komfortable Droge
preiswert, ja billig

macht sie so ein gutes leichtes (Mit) Gefühl
doch kommt sie ins Buch
der gezählten Lügen

Was für ein Rausch
Was für eine Betäubung
Was für eine Antwort
auf diese ungezählten Bilder
die da waren und sind

nur ein einziges Kind
nur ein einziger
viel zu großer Mann
wird es aufnehmen
ganz heraus aus dem Bild

er wird es fortbringen
in das sorgsam aufgeschlagene Bett tragen
zu den vielen Anderen
in den furchtbaren Schlafsaal

schlafe gut,
gute Nacht.

Das schwarze Geflecht

das schwarze Geflecht
diese Schatten,
dieser versperrte Durchgang
die Kälte der Streben
das endgültige Klirren
wenn es zuschlägt
dieses große Tor

könnte es nicht geben

ohne das kleine zitternde
bisschen Licht dahinter

Geschenkt/Traum

Es könnte doch sein
oder
du findest ein, zwei Worte
mit einem Sinn
für eine Zeit

eine Zeile vielleicht
die dich erkennt
ich weiß
das wäre viel

ein ganzes Spiel vielleicht
ein Gefüge, ein Ganzes
das du zusammen hältst
ein Teil
immer schon eins von dir
und du könntest es nehmen
zu dir
als wäre es deines

fast ein Geschenk

Der blinde Gärtner

Der Mann da draußen
sieht nicht mehr gut
Er könnte, was das betrifft
auch in der mondlosen Nacht
seiner heiklen Betätigung nachgehen
Er ist fest angestellt
in diesem blassen Garten
fast nie ein Wind geht hier
doch die klaren brennenden Winternächte
die sind bessere Wächter als er

mit steifen Fingern tastet er
durch das was aufwuchs
genau wie er es befohlen hatte
er zittert nicht
in diesem Augenblick
in dem nur er entscheidet
was leben wird
zittern wird er später
am Ofen drinnen

Die Herrschaften
lassen ihn machen
auch wenn nicht mehr alles
ihrer Ordnung gehorcht
Der blinde Gärtner
wird in dieser Nacht noch die Rose
töten
viel mehr als eine so genannte
dumme Gewohnheit ist
es diesem, seinem Willen
die Entscheidung zu lassen

Die Rose
Die, seit er die Schere
zum ersten Mal schärfte
immer blühte in ihrer Zeit
hat ausgedient
fast wie er
jetzt in dieser Nacht hat sie keine Blüte
ja nicht einmal Knospen kann
er fühlen
die verbergen sich
das hat er gelernt
und er murmelt
besänftigend leise
während sein Daumen über die Schneide fährt
Ruhig sagt er
wir haben es ja gleich

Hier, im ersten Haus

Hier bist du einmal gewesen sein
Hier bist du mal verschroben
Hier in dem Haus
Hier warst du auch allein

Hier bist du mal verschwunden fast
Hier bist du groß geworden
Hier in dem alten, kalten Haus
Hier gab es Stunden ohne Hast

Hier warst du satt und leer von Schrecken
Hier bist du klein geblieben
Hier in diesen starken Mauern
Hier waren schöne kleine Ecken

Hier bist du fast zum Mann geworden
Hier bist du immer noch ein Kind
Hier hast du manchmal nachts
dein Schwert gegürtet
Hier sehntest Du nach fernen Horden

Hier kehrst du nicht und niemals mehr zurück
Hier ist kein Ziel, kein Warten
Hier sind die Tore gültig ganz verschlossen
Hier nahmst du dir sein kleines Stück
Hier ist kein Zimmer nur für Gestern
und keines hier für Morgen
Hier ist die Zeit tatsächlich leicht verflossen
Hier,
ja war das hier, das mit dem Glück

Zum Abschied   -   für alte Freunde

Nun gut
lasst uns zum Ende kommen
nur Mut
es wird nicht schwer noch leicht
wenn alles ganz und gar versonnen
kein Blut
das alles hier ob das wohl reicht
nicht viel ist dir geblieben
von dem
was du da alles nennst
das bisschen Hass, das bisschen Lieben
das du dich jetzt noch selber kennst
das wäre selbst für dich zu leicht
die Glut, nun gut
das Feuer ist ja nur noch Glimmen das vergeht
ja nur noch kleines rötliches Verschwimmen
das keiner mehr versteht
Nimm endlich deinen alten Hut
Mach Platz
und geh
da hinten war doch früher mal ein See
mit einem kleinen Boot
versteh und setz das Segel
denn morgen schon
so hört man gibt es Schnee
und der wird bringen Not
das ist nun mal die Regel

Nachwort

ohne Ort
ohne Hort
keine Richtung
auch nicht Nord

Schluss damit
ich halte Schritt
nein auch kein Schnitt
ich wüßt' auch nicht womit

auch keine neuen Orte
keine Reise
nur um Preise
fast ohne Zweifel
keine nächsten Worte